Katharina Koß

# Verkaufsförderung - Ein Überblick über Grundlagen, Ziele und Ausprägungen

GRIN Verlag

**Bibliografische Information der Deutschen Nationalbibliothek:**

Die Deutsche Bibliothek verzeichnet diese Publikation in der Deutschen National-
bibliografie; detaillierte bibliografische Daten sind im Internet über http://dnb.d-
nb.de/ abrufbar.

**Impressum:**

Copyright © 2012 GRIN Verlag GmbH
Druck und Bindung: Books on Demand GmbH, Norderstedt Germany
ISBN: 978-3-656-34888-7

**Dieses Buch bei GRIN:**

http://www.grin.com/de/e-book/207328/verkaufsfoerderung-ein-ueberblick-ueber-
grundlagen-ziele-und-auspraegungen

**GRIN - Your knowledge has value**

Der GRIN Verlag publiziert seit 1998 wissenschaftliche Arbeiten von Studenten, Hochschullehrern und anderen Akademikern als eBook und gedrucktes Buch. Die Verlagswebsite www.grin.com ist die ideale Plattform zur Veröffentlichung von Hausarbeiten, Abschlussarbeiten, wissenschaftlichen Aufsätzen, Dissertationen und Fachbüchern.

**Besuchen Sie uns im Internet:**

http://www.grin.com/

http://www.facebook.com/grincom

http://www.twitter.com/grin_com

FOM Hochschule für Oekonomie & Management

Fachbereich Wirtschaftswissenschaften

Berufsbegleitender Studiengang

Bachelor of Business Administration (B.A.)

**Seminararbeit**

im Modul Functions II

CRM & Sales im 5. Semester

über das Thema

**Verkaufsförderung**

Verfasser:   Katharina Koß

Düsseldorf, den 8. November 2012

# Inhaltsverzeichnis

# Abkürzungsverzeichnis

| | | |
|---|---|---|
| Abb. | - | Abbildung |
| bspw. | - | beispielsweise |
| bzw. | - | beziehungsweise |
| d.h. | - | das heißt |
| GfK | - | Gesellschaft für Konsumforschung |
| i.d.R. | - | in der Regel |
| i.e.S. | - | im engeren Sinn |
| i.w.S. | - | im weiteren Sinn |
| o.ä. | - | oder Ähnliches |
| POS | - | Point of Sale |
| S. | - | Seite |
| u.a. | - | unter anderem |
| Vgl. | - | vergleiche |
| VKF | - | Verkaufsförderung |
| z.B. | - | zum Beispiel |

# Abbildungsverzeichnis

# 1 Einleitung

## 1.1 Problemstellung

Der Einsatz von Verkaufsförderung als Instrument im Marketing- und Kommunikations-Mix wird in Deutschland im Zuge des zunehmenden Wandels von Verkäufer- zum Käufermarkt seit den 50er-Jahren diskutiert.[1] Die seither stattgefundene Stärkung der Machtposition der Händler gegenüber den Herstellern sowie die nachlassende Wirkung klassischer Werbemaßnahmen haben die Verkaufsförderung weiterhin an Bedeutung gewinnen lassen.[2]

In diesem Zusammenhang zeigt die 2005 durchgeführte Werbeklima-Studie der GfK/WirtschafsWoche, dass in Deutschland die Verkaufsförderung im Bereich der Konsumgüter - insbesondere der Fast Moving Consumer Goods - im Vergleich zu Industriegütern und Dienstleistungen offenbar eine hervorgehobene Rolle spielt. Dies wird deutlich, da in diesem Bereich im Jahr 2005 durchschnittlich 22% des Kommunikationsbudgets für Verkaufsförderung aufgewendet wurden, wohingegen im Investitionsgütersektor nur 15% und im Dienstleistungsbereich nur 12% des Budgets in die Verkaufsförderung flossen.[3]

## 1.2 Zielsetzung der Arbeit

Im Rahmen dieser Arbeit sollen aufgrund der vorangegangenen Ausführungen die wesentlichen Inhalte der Verkaufsförderung ausschließlich aus Sicht von Konsumgüterherstellern dargestellt werden. Neben der Darstellung und Differenzierung wesentlicher Aspekte der Verkaufsförderung soll auf ausgewählte Herausforderungen im Zusammenhang mit der Durchführung einzelner Verkaufsförderungsmaßnahmen hingewiesen und ein Ausblick in Bezug auf sich abzeichnende Trends auf diesem Gebiet gegeben werden.

## 1.3 Vorgehensweise

Nach einleitenden Worten zur Problemstellung und Zielsetzung unter Punkt 1 dieser Arbeit werden in Punkt 2 zunächst essentielle Grundlagen für das Verständnis des Begriffs und die Einordnung der Verkaufsförderung in die Kommunikationspolitik

---

[1] Vgl. Fuchs, W., Unger, F. (2003), S. 1.
[2] Vgl. Meffert, H. et al. (2012), S. 691.
[3] Vgl. Gedenk. K. (2009), S. 267; GfK und WirtschaftsWoche (2005), S. 16.

gelegt. Im Anschluss folgt unter Ziffer 3 eine nach ökonomischen und psychografischen Kriterien differenzierte Darstellung der allgemeinen VKF-Ziele.

Punkt 4 dieser Arbeit setzt sich mit den Ausprägungen der herstellerinitiierten Verkaufsförderung auseinander, zeigt deren jeweilige Besonderheiten auf und stellt wesentliche Instrumente vor. Nach einer unter Punkt 5 befindlichen kritischen Würdigung der Verkaufsförderung als Ganzes, in welcher auf wesentliche Herausforderungen selbiger hingewiesen wird, wird unter Ziffer 6 schließlich ein Ausblick auf zukünftige Entwicklungen und Trends auf dem Gebiet der Verkaufsförderung gegeben werden.

# 2 Grundlagen

## 2.1 Definition und Abgrenzung der Verkaufsförderung

Der Begriff Verkaufsförderung - synonym auch Sales Promotion, Promotion oder Absatzförderung genannt - ist in der Literatur nicht eindeutig definiert.[4] Er kann allgemein jedoch als das Management zeitlich befristeter Maßnahmen von einer Laufzeit von i.d.R. wenigen Tagen bis zu einigen Monaten verstanden werden, die aufgrund ihres Aktionscharakters den Absatz durch die Schaffung von Anreizen auf nachgelagerten Vertriebsstufen, d.h. bei Händlern und Konsumenten, steigern sollen[5]. Hierbei wird vor allem die Eignung der Verkaufsförderung für kurzfristige Absatzsteigerungen hervorgehoben.[6]

Die Verkaufsförderung ist klar von der konventionellen Werbung abzugrenzen, da letztere auf die Vermittlung des Kaufgrundes fokussiert ist, während VKF-Maßnahmen daran anknüpfen und zusätzliche Anreize bieten sollen, den Kauf tatsächlich zu vollziehen.[7] Im Umkehrschluss bedeutet dies jedoch, dass der alleinige Einsatz von Verkaufsförderung zur Erreichung kommunikationspolitischer Marketing-Ziele nicht geeignet ist.[8]

Es ist zu beachten, dass die Verkaufsförderung zwar im Wesentlichen kurz- bis mittelfristige Ziele verfolgt. Ihre Auswirkungen insbesondere in Zusammenhang mit der

---

[4] Vgl. Nieschlag, R. et al. (2002), S. 991; Unger, F., Fuchs, W. (2005), S. 207.
[5] Vgl. Bruhn, M. (2010), S. 384; Gedenk, K. (2002), S. 11; Kreutzer, R. T. (2010), S. 359; Nieschlag, R. et al. (2002), S. 991 f.
[6] Vgl. Bruhn, M. (2010), S. 384; Nieschlag, R. et al. (2002), S. 992.
[7] Vgl. Kotler, P. et al. (2007), S. 758.
[8] Vgl. hierzu Punkt "2.2. Einordnung in die Kommunikationspolitik" dieser Arbeit.

Verfolgung bestimmter Marketingstrategien ist allerdings durchaus längerfristig zu betrachten. Aus diesem Grund kann die Verfolgung strategischer Ziele im Zusammenhang mit Verkaufsförderung nicht ausgeschlossen werden.[9]

## 2.2 Einordnung in die Kommunikationspolitik

Innerhalb des Marketing-Mix wird die Verkaufsförderung i.d.R. der Kommunikationspolitik zugeordnet[10], in der sie wiederum neben Sponsoring, Product Placement und Events zu den konventionellen Maßnahmen der Below-the-line-Kommunikation gehört[11]. Sie soll dazu dienen, die Wirkung klassischer Werbemaßnahmen der Above-the-line-Kommunikation zu unterstützen, wobei sie auf den Einsatz typischer Massenkommunikationsmittel verzichtet.[12]

Da sie sich stattdessen regelmäßig Elementen anderer absatzpolitischer Bereiche wie Kontrahierungs-, Distributions- oder Produktpolitik bedient, kann eine einheitliche Abgrenzung nicht vorgenommen werden.[13] Dies führt beispielsweise dazu, dass einige Autoren gar darauf verzichten, die Verkaufsförderung der Kommunikationspolitik zuzuordnen. Sie begründen diese Vorgehensweise damit, dass Verkaufsförderung aufgrund ihrer stärkeren Verkaufs- als Marktorientierung dem Marketing als solches nicht zuzuordnen sei[14]. Alternativ wird ihr an anderer Stelle eine Querschnitt-Funktion innerhalb des Marketing-Mix zugewiesen.[15] Pepels beginnt seine Ausführungen über Verkaufsförderung gar mithilfe einer distributionsbezogenen Analyse von Absatzkanälen.[16]

## 3 Ziele

### 3.1 Ökonomische Ziele

Wie eingangs erwähnt verfolgt die Verkaufsförderung in erster Linie das Ziel einer

---

[9] Vgl. Gedenk, K. (2009), S. 270.
[10] Vgl. Bruhn, M. (2010), S. 384; Cristofolini/Thies (1979), S. 42; Kreutzer, T. (2010), S. 327.
[11] Vgl. vertiefend hierzu Abb. 1 - Instrumente der Kommunikationspolitik, S. VII, Anhang.
[12] Vgl. Scharf, A. et al. (2012), S. 388, S. 400.
[13] Vgl. Bruhn, M. (2010), S. 384; Meffert, H., Burmann, C. et al. (2012), S. 691; Scharf, A., Schubert, B. et al. (2012), S. 400.
[14] Vgl. Busch, R. et al. (2008), S. 4, S. 454.
[15] Vgl. Gedenk, K. (2002), S. 12 f.
[16] Vgl. Pepels, W. (2001), S. 592 ff.

(kurzfristigen) Absatzsteigerung eines bestimmten Produkts.[17] Manche Maßnahmen werden dabei insbesondere in saisonabhängigen Branchen zum Ausgleich saisonaler Umsatzschwankungen eingesetzt. Darüber hinaus wird die Erschließung neuer Distributionswege als Ziel der Verkaufsförderung genannt, wodurch weiterführend eine Marktdurchdringung erfolgen und gleichermaßen die eigenen Marktanteile gesteigert werden sollen.[18]

Aus den genannten Oberzielen lassen sich speziell auf die VKF ausgerichtete ökonomische Unterziele ableiten, z.B.:[19]

- Optimierung der Produktplatzierung am POS oder am Warenträger
- Erhöhung der Erst- bzw. Wiederkäuferraten
- Reduzierung von handelsseitig geforderten Sonderrabatten oder Werbekostenzuschüssen
- Erreichung bestimmter Umsatz- oder Absatzzielvereinbarungen des eigenen Verkaufspersonals

Die ökonomische Größe des Gewinns sollte hingegen nicht als direktes Ziel der Verkaufsförderung genannt werden, da die Durchführung von Promotion-Aktionen häufig unter Inkaufnahme von negativen Deckungsbeiträgen erfolgt. Eine nachweisliche Absatzsteigerung durch VKF-Maßnahmen hat somit nicht zwangsläufig auch eine Gewinnsteigerung zur Folge.[20]

## 3.2 Psychografische Ziele

Die psychografischen Ziele der Verkaufsförderung lassen sich im Wesentlichen von den durch Cristofolini und Thies in Anlehnung an den Produkt- bzw. Sortimentslebenszyklus definierten Funktionen der Information, Beeinflussung und Erinnerung ableiten.[21] Demnach soll Verkaufsförderung durch Kontaktwiederholungen und Verstärkungseffekt "... einem Absinken der Erinnerung an massenmediale Werbung..." entgegen wirken.[22] Im Einzelnen bedeutet dies, z.B. im Rahmen von Produkteinführungen den

---

[17] Vgl. Bruhn, M. (2010), S. 384; Gedenk, K. (2002), S. 11; Nieschlag, R. et al. (2002), S. 992.
[18] Vgl. Schweiger, G., Schrattenecker, G. (2009), S. 119 ff.
[19] Vgl. Pflaum, D., Eisenmann, H. (1993), S. 10 f.
[20] Vgl. Esch, F.-R., et al. (2008), S. 275.
[21] Vgl. Cristofolini, P. M., Thies, G. (1979), S. 55 f.; Unger F., Fuchs, W. (2005), S. 215.
[22] Schweiger, G., Schrattenecker, G. (2009), S. 121.

Bekanntheitsgrad eines Produkts oder einer Marke zu erhöhen und im weiteren Verlauf die Markentreue der Konsumenten zu steigern bzw. zu erhalten.[23]

Darüber hinaus soll einerseits die Motivation des Handels erhöht werden, die promoteten Produkte in das eigene Sortiment aufzunehmen und somit auch handelsseitig eine gewisse Markenaffinität zu generieren. Andererseits gilt es jedoch auch die Motivation des eigenen Verkaufspersonals zu optimieren. Dabei rückt die Erlebnisorientierung der einzelnen handels-, verbraucher- oder personalbezogenen Aktionen insgesamt zunehmend in den Vordergrund.[24]

VKF-Maßnahmen sollen insbesondere im Bereich der Neukundengewinnung Wirkung zeigen, da sie über ihre Informationsfunktion erste Impulse für einen permanenten Markenwechsel geben können. Darüber hinaus wird durch Verkaufsförderungsmaßnahmen vor allem die Neukundenkategorie der Markenwechsler angesprochen, da diese Gruppe hauptsächlich preisorientiert und somit durch entsprechende Preis-Promotions leichter zu einem Wechsel zu den eigenen Produkten zu bewegen ist. Dieser Effekt wird in dieser Kundengruppe jedoch als i.d.R. nicht dauerhaft beurteilt.[25]

## 4 Ausprägungen der Verkaufsförderung

### 4.1 Handelspromotion (Trade Promotion)

Die handelsgerichtete Promotion, im Englischen Trade Promotion genannt[26], wird in der deutschen Literatur uneinheitlich bezeichnet. So verwenden u.a. Schweiger und Schrattenecker, wie auch Kotler, Keller und Bliemel in ihren Ausführungen den Begriff der Händlerpromotion und setzen diesen zum Teil mit der Handelspromotion gleich.[27] Hiervon wird im Rahmen dieser Arbeit jedoch Abstand genommen, da der Begriff der Händlerpromotion von anderen Autoren im Rahmen einer umfassenderen Betrachtung der Verkaufsförderungsausprägungen mit der durch den Handel initiierten konsumentengerichteten Promotion gleichgesetzt wird.[28] Der Begriff Handelspromotion soll im

---

[23] Vgl. Schweiger, G., Schrattenecker, G. (2009), S. 119 ff.
[24] Vgl. Meffert, H. et al. (2012), S. 691; Schweiger, G., Schrattenecker, G. (2009), S. 119 ff.
[25] Vgl. Kotler, P. et al. (2007), S. 759.
[26] Vgl. Gedenk, K. (2002), S. 13.
[27] Vgl. Kotler, P. et al. (2007), S.759; Nieschlag, R. et al. (2002), S. 993; Schweiger, G., Schrattenecker, G. (2009), S. 120.
[28] Vgl. Esch, F.-R. et al. (2011), S. 280; Gedenk, K. (2002), S. 14; Scharf, A. et al. (2012), S. 401.

Folgenden daher ausschließlich die handelsgerichtete Form der Promotion bezeichnen, wonach sich ein Hersteller als Absender an den Handel als Adressat wendet.[29]

Handelspromotion dient dem Hersteller zur Umsetzung so genannter Push-Strategien, bei denen durch gezielten Einsatz handelsgerichteter Promotions versucht wird, möglichst große Mengen des eigenen Produktsortiments am POS zu platzieren, was in der Literatur auch als Hineinverkauf bezeichnet wird.[30]

Ein Instrument zur Erreichung dieser Zielsetzung sind z.b. preisgebundene Aktionsrabatte, die den Handel zur Abnahme größerer Kontingente bewegen sollen, so dass er aufgrund begrenzter Lagerkapazitäten den Absatz durch eigene Händlerpromotions ankurbelt.[31] Weitere Maßnahmen der Trade Promotion sind darüber hinaus u.a. die Zurverfügungstellung von Displays oder anderer Verkaufsmaterialien, die Veranstaltung von Händlerwettbewerben oder die Bereitstellung von Dekorationsservices zur Umsetzung erlebnisorientierter Verkaufskonzepte am POS.[32]

Mengenabhängige Preisnachlässe werden zunehmend in Form von Count-Recount-Rabatten oder Scan-Downs bzw. Scan-Backs vergeben. Diese Vorgehensweise dient dazu, insbesondere den gut am Markt positionierten Handel zur Durchführung von Händlerpromotions. Auf diese Weise sollen übermäßige Lagerhaltung und Rückgang der Abnahmen in Folgeperioden vermieden werden.[33]

## 4.2 Verkäuferpromotion (Staff Promotion)

Unter Verkäuferpromotion wird i.e.S. die vereinzelt aufgeführte Außendienst-Promotion verstanden.[34] I.w.S. ist diese Form der VKF jedoch an die eigene Verkaufsorganisation und alle daran beteiligten Organe gerichtet und wird deshalb im Englischen auch allgemeiner als Staff Promotion bezeichnet.[35] Wesentliches Ziel dieser VKF-Form ist die Erhöhung von Motivation und Engagement der eigenen Verkaufsorgane zur

---

[29] Vgl. Bruhn, M. (2010), S. 385; Gedenk, K. (2002), S. 13.
[30] Vgl. Bruhn, M. (2010), S. 388; Esch, F.-R. et al. (2008), S. 272; Pepels, W. (2001), S. 593; Scharf, A. et al. (2012), S. 400.
[31] Vgl. Gedenk, K. (2002), S. 17.
[32] Vgl. Bruhn, M. (2010), S. 394 ff.; Nieschlag, R. et al. (2002), S. 993.
[33] Vgl. Gedenk, K. (2002), S. 17.
[34] Vgl. Nieschlag, R. et al. (2002), S. 992 f.
[35] Vgl. Cristofolini, P. M., Thies, G. (1979), S. 71; Unger, F., Fuchs, W. (2005), S. 208, S. 216; Schweiger, G., Schrattenecker, G. (2009), S. 121.

Steigerung der Absatzzahlen und der Effizienz insbesondere im Bereich Neukunden-Akquise oder Kundenstammpflege.[36]

Klassische Maßnahmen sind Schulungen und Trainings des Vertriebs-/Verkaufspersonals auf audiovisuellen Kanälen mit entsprechenden Praxisübungen, Verkäufer-Wettbewerbe, der Einsatz von Verkaufshandbüchern oder -leitfäden sowie die Zurverfügungstellung von Verkaufshilfen wie z.b. Produktinformationsblättern oder Sales Folders.[37] Darüber hinaus stehen verschiedene, motivierend wirkende Entlohnungs- oder Prämienmodelle zur Verfügung, aber auch ausgefallenere Instrumente wie Incentive-Reisen.[38] Außendienstwettbewerbe werden - in Abgrenzung zu den bereits genannten Trainings- und Informationsmaßnahmen - können als motivationale Maßnahmen darüber hinaus Anwendung finden.[39]

Laut Cristofolini und Thies ist die Praxis bezogen auf Verkäuferpromotion von zwei Extremen geprägt: Einerseits sei die völlig fehlende Information bzw. Motivation des Verkaufspersonals vorzufinden. Demgegenüber stünde die Überforderung des Personals durch zu viele oder nicht adäquat ausgewählte Trainings-Veranstaltungen.[40] Der Einsatz von Verkäuferpromotions sollte deshalb nicht wahllos, sondern mit dem Ziel erfolgen, einen Ideal-Zustand hervorzurufen, der zwischen beiden Extremen liegt. Dies kann durch eine detaillierte Ermittlung1des Bedarfs an Verkäufer-Förderung und dementsprechend zielgerichteten Instrumenteneinsatz umgesetzt werden.[41]

**4.3 Käuferpromotion (Consumer Promotion)**

Aus pragmatischen Gründen soll im Folgenden nur die durch Bruhn als direkte Käuferpromotion bezeichnete Form der Käuferpromotion erläutert werden, welche unter Erzeugung eines Pull-Effekts direkt an den Endverbraucher wendet.[42] Dieser Effekt entsteht durch die Steigerung des Hinausverkaufs aus dem Handel unter Ausnutzung verschiedener Absatzwirkungen auf den Endverbraucher.[43] Durch diesen

---

[36] Vgl. Schweiger, G., Schrattenecker, G. (2009), S. 121.
[37] Vgl. Cristofolini, P.M., Thies, G. (1979), S. 73 ff.; Pflaum, D., Eisenmann, H. (1993), S. 7.
[38] Vgl. Pflaum, D., Eisenmann, H. (1993), S. 73 ff.
[39] Vgl. Sander, M. (2011), S. 621.
[40] Vgl. Cristofolini, P.M, Thies, G. (1979), S. 71.
[41] Vgl. auch ebd.
[42] Vgl. Bruhn, M. (2010), S. 388.
[43] Vgl. vertiefend hierzu Abb. 3: Absatzwirkungen konsumentengerichteter Verkaufsförderung beim Endkunden, S. IX, Anhang.

Hinausverkaufssogs soll schlussendlich der Handel motiviert werde, zusätzliche Produkte beim Hersteller abzunehmen.[44]

Die Instrumente der Käuferpromotion können in Preis-Promotions (Sonderangebotsaktionen am POS, Coupons, Treuerabatte etc.) sowie echte Nicht-Preis-Promotions (Product-Samplings, Gewinnspiele, Produktzugaben etc.) und unechte Nicht-Preis-Promotions (Handzettel, Flyer, Displays o.ä.) differenziert werden.[45] Letztere dienen der Unterstützung von Preis-Promotions, während echte Preis-Promotions unabhängig vom Preismechanismus funktionieren.[46]

Die Wirkung von Preis-Promotions wird vor strategischem Hintergrund kritisch gesehen, da sie zwar über den Zeitraum der Aktion zu höheren Umsätzen führen, diese aufgrund des bestehenden Wettbewerbs durch sich abwechselnde Promotions der Konkurrenz jedoch kompensiert werden.[47] Darüber hinaus können unter Umständen zeitliche Kaufakzelerationen auftreten, welche aufgrund einer möglichen Lagerhaltung beim Endverbraucher nicht zwangsläufig mit Absatzsteigerungen assoziiert werden können.[48] Weiterführend können regelmäßig durchgeführte Sonderangebotsaktionen Ursache für den Wertverfall einer Marke sein, da Gewöhnungseffekte bei den Konsumenten eintreten und diese möglicherweise langfristig nicht mehr bereit sind, den regulären Produktpreis zu zahlen.[49]

## 5 Kritische Würdigung

Trotz ihrer nicht eindeutig zu differenzierenden Merkmale und Ausprägungen kann die VKF als eine sinnvolle Ergänzung anderer kommunikationspolitischer Maßnahmen betrachtet werden, um die Erreichung marketingpolitischer Ziele effizienter zu gestalten. Allerdings erfordert der Umgang mit VKF-Maßnahmen eine detaillierte Planung und vorausschauendes, flexibel an die jeweiligen Marktbedingungen angepasstes Vor-

---

[44] Vgl. Bruhn, M. (2010), S. 388; Nieschlag, R. et al. (2002), S. 992; Pepels, W. (2001), S. 594; Scharf, A. et al. (2012), S. 400.
[45] Vgl. Esch, F.-R. et al. (2008), S. 274 f. ;Gedenk. K. (2002), S. 18 ff.
[46] Vgl. vertiefend hierzu Abb. 2 - Überblick über die Instrumente der Käuferpromotion, S. VIII, Anhang.
[47] Vgl. Esch, F.-R. et al. (2008), S. 275; Scharf, A. et al. (2012), S. 402.
[48] Vgl. Lutzky, C. (2007), S. 20.
[49] Vgl. Scharf, A. et al (2012), S. 402.

gehen, da unter Umständen Gewöhnungseffekte innerhalb der Zielgruppen auftreten, was mit Umsatzeinbußen oder gar Markenentwertung einhergehen kann.[50]

Im Rahmen von Verkaufsförderung sehen sich Hersteller und Händler darüber hinaus zunehmend mit der Herausforderung negativer Interessenskorrelationen konfrontiert. Hersteller scheinen aufgrund des Wandels vom Verkäufer- zum Käufermarkt dabei ohne Kompromiss-Bereitschaft kaum mehr in der Lage zu sein, eine einheitliche Kommunikationspolitik oder die flächendeckende Stärkung der Produkt- bzw. Markenidentität durchzusetzen.[51] Stattdessen wird bspw. die Positionierung der eigenen Produkte am POS durch dominierende Handelsketten erschwert, welche an die Aufnahme der Herstellerprodukte in das eigene Sortiment Bedingungen wie die Zahlung von Werbekostenzuschüssen oder anderen Vergünstigungen knüpfen.[52] Derartigen Herausforderungen wird in der Praxis häufig mit vertikalen Kooperationen, sog. Kooperativ-Promotions begegnet, um sowohl Hersteller- als auch Handelsinteressen zu berücksichtigen.[53] Vor dem Hintergrund der Existenz und wachsenden Beliebtheit derartiger Kooperationsmodelle kann eine trennscharfe Betrachtung von hersteller- und handelsseitiger Promotion kritisch betrachtet werden. Hierauf gibt auch die durch Bruhn vorgenommene alternative Form der Maßnahmen-Differenzierung nach direkt und indirekt konsumentengerichteter Verkaufsförderung einen Hinweis.[54]

Im Zuge der Stärkung des Handels kommt es - über das Erfordernis von vertikalen Kooperationen hinaus - weiterhin dazu, dass kleinere Hersteller aus dem Markt bzw. Herstellermarken zunehmend durch Handelsmarken verdrängt werden.[55] Insbesondere marktschwächere Hersteller, welche die vom Handel für die Listung ihrer Produkte geforderten Vergünstigungen nicht erbringen können, sind hiervon betroffen.[56] Diesem Phänomen könnte eine rechtzeitige Initiierung von Verbund-Promotions auf horizontaler Ebene - d.h. zwischen zwei oder mehreren Herstellern - entgegen wirken. Auf diese Weise können abwechselnde Promotions der Hersteller das Verbraucherinteresse per-

---

[50] Vgl. Nieschlag, R. et al. (2002), S. 994; Scharf, A. et al. (2012), S. 402.
[51] Vgl. Scharf, A. et al. (2012), S. 402
[52] Vgl. Nieschlag, R. et al. (2002), S. 993.
[53] Vgl. Bruhn, M. (2010), S. 386 f.; Pflaum, D., Eisenmann, H. (1993), S. 104f.; Scharf, A. et al. (2012), S. 402.
[54] Vgl. auch Bruhn, M. (2010), S. 389 ff.
[55] Vgl. Bruhn, M. (2010), S. 386.
[56] Vgl. Nieschlag, R. et al. (2002), S. 993 f.

manent auf die Herstellermarken legen oder Zweitplatzierungsmöglichkeiten geschaffen werden.[57]

# 6   Ausblick

Durch die mittlerweile flächendeckende Verfügbarkeit des Internets werden im Rahmen der Verkaufsförderung z.b. für die Publizierung von Sonderangebots- oder Gewinnspielaktionen insbesondere im Rahmen von Käuferpromotions zunehmend world-wideweb-basierte Kanäle verwendet.[58] In diesem Zusammenhang fällt auch das Stichwort der Nachhaltigkeit, woraus sich ein Trend hin zu papierlosen VKF-Kanälen oder zu aus biologisch abbaubaren Rohstoffen und mit möglichst geringer $CO2$-Emission erzeugtem VKF-Materialen (z.b. elektronische, wiederverwendbare Displays) abzeichnet.[59]

Darüber hinaus gilt das mit der Anwendung von wiederkehrenden Rabattaktionen verbundene Problem der Markenwertvernichtung heute als allgemein anerkannt. Dies ist neben dem zunehmenden Verbraucheranspruch auch ein Grund dafür, dass Hersteller im Rahmen von Verkaufsförderungsmaßnahmen zunehmend den Trend des Erlebnisshoppings verfolgen.[60]

In diesem Zusammenhang fällt zunehmend der Begriff des Shopper-Marketing, einer Weiterentwicklung bzw. Ausprägung der konsumentengerichteten Verkaufsförderung am POS, bei der so genannte Shopper-Insights den Unterschied zur herkömmlichen Verkaufsförderung definieren. Hierbei handelt es sich um psychologische Käuferprofile, mit deren Hilfe insbesondere für Fast-Moving-Consumer-Goods gezielt Kaufimpulse gesetzt werden sollen. Dem Smartphone wird hierbei als VKF-Medium eine zunehmende Bedeutung zugeschrieben.[61]

Dies vorweggenommen bleibt die Verkaufsförderung ein dynamisches Instrument innerhalb des Kommunikationsmix, welches sich zunehmend weiterentwickelt und an Bedeutung gewinnt. Dabei bleibt es abzuwarten, inwiefern der technologische Fortschritt und der Wunsch nach Nachhaltigkeit weiter Einfluss auf diverse VKF-Instrumente nehmen wird.

---

[57] Vgl. Bruhn. M. (2010), S. 386; Pflaum, D. Eisenmann, H. (1993), S. 105.
[58] Vgl. Schweiger, G., Schrattenecker, G. (2009), S. 120.
[59] Vgl. Standfest, J. (2011), S. 182; Wilhelm, S. (2012), S. 80ff.
[60] Vgl. Scharf, A. (2012), S. 402.
[61] Vgl. Bell, M. (2012), S. 36 ff.

# Anhang

## Anhang 1 - Verwendete Abbildungen

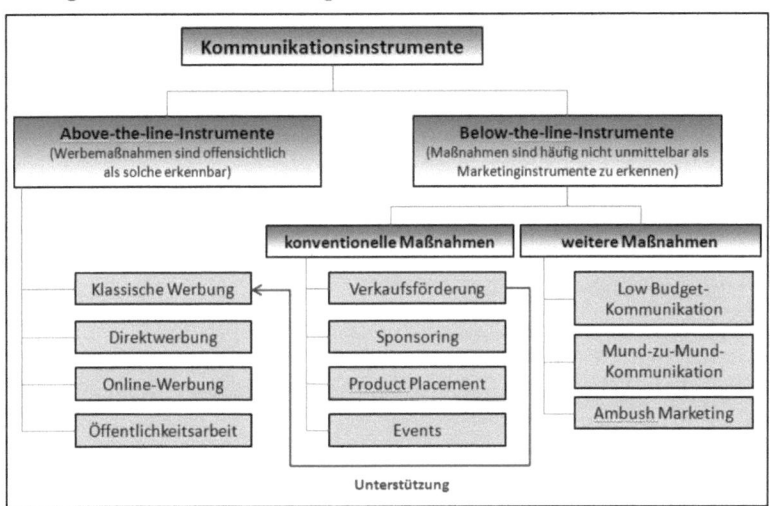

*Abb. 1 - Instrumente der Kommunikationspolitik*
*Quelle: in Anlehnung an Schweiger, G., Schrattenecker, G. (2009), S. 116; Esch, F.-R. (2012), S. 290; Scharf, A. et al. (2012), S. 388, S. 400.*

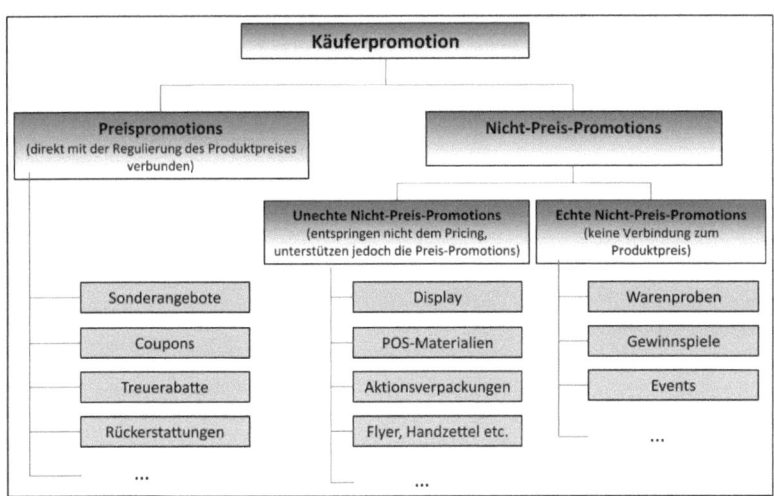

*Abb. 2 - Instrumente der Käuferpromotion*
*Quelle: in Anlehnung an Gedenk, K. (2002), S. 18 f.; Esch, F.-R. et al. (2008), S. 274 f.*

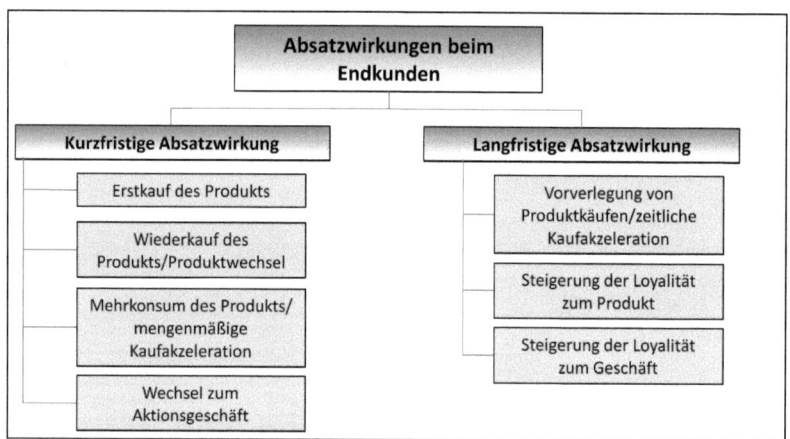

*Abb. 3 - Absatzwirkungen konsumentengerichteter Verkaufsförderung beim Endkunden*
*Quelle: in Anlehnung an Gedenk, K. (2002), S. 104; Homburg, C. (2012), S. 811; Lutzky, C. (2007), S. 20.*

# Literaturverzeichnis

## Monographien

Bruhn, M. (2007): Marketing. Grundlagen für Studium und Praxis, 8. Aufl., Wiesbaden 2007

Bruhn, M. (2010): Kommunikationspolitik. Systematischer Einsatz der Kommunikation für Unternehmen, 6. Aufl., München 2010

Busch, R., Fuchs, W., Unger, F. (2008): Integriertes Marketing. Strategie - Organisation - Instrumente, 4. Aufl., Wiesbaden 2008

Cristofolini, P. M., Thies, G. (1979): Verkaufsförderung. Strategie und Taktik, Berlin, New York 1979

Esch, F.-R., Herrmann, A., Sattler, H. (2008): Marketing. Eine managementorientierte Einführung, 2. Aufl., München 2008

Esch, F.-R. (2012): Strategie und Technik der Markenführung, 7. Auflage, München 2012

Gedenk, K. (2002): Verkaufsförderung, München 2002

Homburg, C. (2012): Marketingmanagement. Strategie - Instrumente - Umsetzung - Unternehmensführung, 4. Aufl., Wiesbaden 2012

Kotler, P., Keller, K. L., Bliemel, F. (2007): Marketing-Management. Strategien für wertschaffendes Handeln, München 2007

Kreutzer, R. T. (2010): Praxisorientiertes Marketing. Grundlagen - Instrumente - Fallbeispiele, 3. Aufl., Wiesbaden 2010

Lutzky, C. (2007): Kaufakzeleration bei konsumentengerichteter Verkaufsförderung, Diss., Wiesbaden 2007


## Beiträge in Herausgeberwerken

Gedenk, K. (2009): Verkaufsförderung, in: Bruhn, M., Esch, F.-R., Langner, T. (Hrsg); Handbuch Kommunikationspolitik. Grundlagen - Innovative Ansätze - Praktische Umsetzung, Wiesbaden 2009, S. 269 - 283

Meffert, H., Burmann, C., Kirchgeorg, M. (2012): Marketing. Grundlagen marktorientierter Unternehmensführung. Konzepte - Instrumente - Praxisbeispiele, 11. Aufl., Wiesbaden 2012

Nieschlag, R., Dichtl, E., Hörschgen, H. (2002): Marketing, 19. Aufl., Berlin 2002

Pepels, W. (2001): Kommunikations-Management. Marketing-Kommunikation vom Briefing bis zur Realisation, 4. Aufl. Stuttgart 2001

Pflaum, D., Eisenmann, H. (1993): Verkaufsförderung, Landsberg/Lech 1993

Sander, M. (2011): Marketing-Management. Märkte, Marktforschung und Marktbearbeitung, 2. Aufl., Konstanz und München 2011

Scharf, A., Schubert, B., Hehn, P. (2012): Marketing. Einführung in Theorie und Praxis, 5. Aufl., Stuttgart 2012

Schweiger, G., Schrattenecker, G. (2009): Werbung. Eine Einführung, 7. Aufl., Stuttgart 2009

Unger, F., Fuchs, W. (2005): Management der Marketing-Kommunikation, 3. Aufl., Berlin, Heidelberg 2005

**Fachzeitschriften-Artikel**

Bell, M. (2012): Wenn der Konsument zum Shopper wird. Shopper-Marketing, in: Werben & Verkaufen, o.J., 2012, Nr. 41, S. 36-38

Standfest, J. (2011): Nachhaltigkeit und digitale Verkaufsförderung punkten, in: Regal, Ressort: Verkaufsförderung spezial, o.J., 2011, Nr. 4, S. 182

Wilhelm, S. (2012): Zwischen Nachhaltigkeit und Verkaufsförderung, in: stores+shops, o.J., 2012, Nr. 4, S. 80-82

**Internetquellen**

GfK Gesellschaft für Konsumforschung und WirtschaftsWoche (2005): Werbeklima-
Studie 2006. URL: http://www.gfk.com/imperia/md/content/presse/studien_und_
publikationen/wk_2006_kompl.pdf, Abruf am 23.10.2012.

**Anmerkungen:**

Die Beschaffung der aktuellsten Auflage aus 2011 für folgendes Werk war angedacht.
Das Buch ist jedoch bis unmittelbar vor Abgabe der Seminararbeit ausgeliehen gewe-
sen:

Esch, F.-R., Herrmann, A., Sattler, H. (2008): Marketing. Eine managementorientierte
Einführung, 2. Aufl., München 2008